Dedicado a todas las niñas y niños que han disfrutado conmigo de esta historia, a mi familia por estar siempre cerca a pesar de los kilómetros, a Yolanda por recordarme cada día que soy una manzana feliz aprendiendo y a mi sobrina, Alejandra.

Sesión de Yoga "La rosa ayuda a su amigo el Principito".

NAMASTÉ:

Reverencia que hacemos a la bondad, la luz, el respeto al prójimo.

MEDITACIÓN PARA CENTRARNOS

Nos imaginaremos, con los ojos cerrados, que somos una flor, una mariposa, el cielo o una persona especial a la que queremos mucho.

SALUDAREMOS AL SOL.

La rosa cuidaba de su amigo el Principito, con ella jugaba y lo pasaban muy pero que muy bien.

Un día, jugando, se les hizo tarde.

Durante el ocaso, una **MARIPOSA** gigante bajó del cielo y se llevó a su amigo.

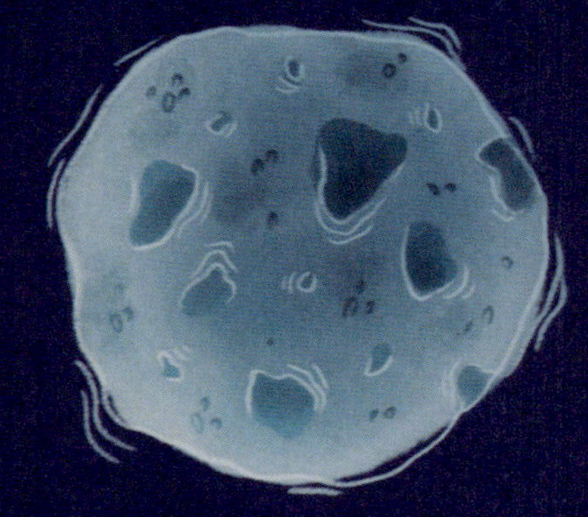

Oscureció, se hizo de noche y la rosa, al ver cómo se llevaban a su amigo, se quedó de piedra, sentada en una **SILLA**. Se puso muy triste y decidió rápidamente ir a buscarlo.

Se adentró en la selva, que estaba llena de **ÁRBOLES**.
Por el camino se encontró con un animal salvaje, un león.

La rosa se asustó muchísimo y pronunció las palabras mágicas "tilín-tilán" para convertirse en un **GATO** enorme.

El león, al verlo, se hizo su amigo.

La rosa siguió su camino, pero, como en la selva había tantos árboles, perdió el rumbo, necesitaba trepar a lo alto y, pronunciando las palabras mágicas "tilín-tilán", se convirtió en un MONO.

Al final de la selva se encontraba el mar,
pero el mar era infinito y..., "tilín-tilán",
tuvo que convertirse en un BARCO.

Así atravesó el mar hasta
llegar a una isla, donde había
una gran MONTAÑA.

Caminó y caminó y caminó por la ladera de la montaña y vio que en la cima de donde salía mucho humo, estaba su amigo el Principito. ¡Era un volcán! Tenía que rescatar a su amigo. Y..., "tilín-tilán", se convirtió en una **CIGÜEÑA** capaz de volar.

—¡Vamos, Principito! ¡Que te llevo de vuelta a casa! —le dijo a su amigo.

Juntos emprendieron el viaje de vuelta a casa.

La rosa se sentía como un auténtico **GUERRERO** que había ayudado a su amigo.

RELAJACIÓN

En casa se relajaron, respiraron profundamente y recuperaron fuerzas. Estaban muy cansados tras el viaje, pero felices de estar juntos de nuevo.

FINAL CON NAMASTÉ

¡Y colorín, colorado, la sesión
de Yoga se ha acabado!

© Celia Troya Pérez (de la obra)
©Apuleyo Ediciones (de esta edición)
Primera edición en Apuleyo Ediciones: Febrero 2024
Diseño de cubierta: Sofía Corzo González
Corrección: Aitor Andreu Guerrero
Maquetación: Alejandro Bermejo Cercas
Ilustraciones: Larissa Reis
Coordinación editorial: Isidoro Cidre González
info@apuleyoediciones.com
www.apuleyoediciones.com
ISBN: 978-84-1060-006-5
Depósito legal: H 657-2023

Hecho e impreso en España.

La rosa ayuda a su amigo el Principito

APULEYO EDICIONES   FOMENTO DE VALORES   CUENTOS ILUSTRADOS

La rosa ayuda a su amigo el Principito

APULEYO EDICIONES   FOMENTO DE VALORES   CUENTOS ILUSTRADOS